GUILLAUME
POIS AU LARD

OU

AMOUR & CHOCOLAT

Grande parodie de **JÉROME CASSOLARD,** en un petit acte et en vers, mêlée de beaucoup de prose et de peu de couplets.

QUI A FAILLI ÊTRE REPRÉSENTÉE AU THÉATRE-FRANÇAIS DE BORDEAUX

Par les Frères LÉONARD.

BORDEAUX
IMPRIMERIE AUGUSTE BORD, RUE DES TREILLES, 24.

—

1864

GUILLAUME
POIS AU LARD

OU

AMOUR & CHOCOLAT

Grande parodie de **JÉROME CASSOLARD,** *en un petit acte et en vers, mêlée de beaucoup de prose et de peu de couplets.*

QUI A FAILLI ÊTRE REPRÉSENTÉE AU THÉATRE-FRANÇAIS
DE BORDEAUX

Par les Frères **LÉONARD.**

BORDEAUX
IMPRIMERIE AUGUSTE BORD, RUE DES TREILLES, 24.

1864

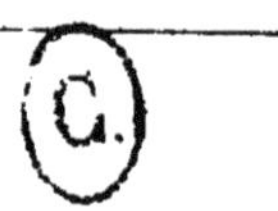

GUILLAUME POIS AU LARD

Le théâtre représente un Salon. — Porte au fond. — Portes à droite et à gauche. — Un Canapé à droite. — Une Table et des Siéges à gauche.

PROLOGUE

Le rideau se lève à demi. Flicotte s'avance pour faire une annonce.

FLICOTTE, *très-ému.*— Pardon, mesdames et messieurs, si j'avais su..... si j'avais pu me douter que j'aurais l'honneur de paraître devant vous, j'aurais mis un habit noir et des gants blancs. (*Il salue et va se retirer, puis se frappant le front*).... je savais bien que j'étais venu pour quelque chose..... Mesdames et messieurs, la pièce que nous allons représenter sera un des plus grands succès de l'époque..... c'est écrit avec de l'essence de rose et une plume de fer... On y voit comment le chocolat fait faire bien des choses et comment... enfin, vous pouvez être sûrs d'avance que c'est aussi moral qu'instructif... et je crois, sans vanité, que vous serez contents. Ce n'est peut-être pas du Molière, mais il y a de la diction de Racine..... vous verrez! Néanmoins les auteurs réclament votre indulgence..., ce n'est pas qu'ils en ont besoin..... mais ça fait toujours bien. (*Il se retire puis revient.*) A propos.... je vous demande pardon de m'être présenté sans habit noir et sans gants blancs.

SCÈNE Ire.

Pois au lard, *assis sur le canapé et tenant un journal.* — Du Coupon a raison, l'affaire ne peut que réussir. Mais aussi quel sublime projet, et si après ma mort, les Bordelais ne m'élèvent pas un nombre infini de statues, je les tiens d'avance pour d'affreux crétins. *(Il se lève et parle au public.)* Avant de vous communiquer l'idée grandiose sortie tout récemment de mon cerveau, j'éprouve le besoin de vous narrer mon histoire. Mon nom est Guillaume Pois au lard; ma patrie, Périgueux;

non âge, cinquante-cinq ans. Mes jeunes années s'écoulèrent dans la perpétration du saucisson et des boudins blancs. Mon père, honnête charcutier, m'éleva dans la crainte de Dieu et des sergents de ville, et me laissa en mourant le soin de faire respecter son nom et son commerce qu'il avait placés, l'un et l'autre sous l'invocation du compagnon de saint Antoine. Après avoir clos les paupières à mon auteur, je pris femme, tout comme le sire de Framboisy, et me livrai avec une ardeur nouvelle aux élucubrations de haute graisse qui sont l'apanage du parfait charcutier. Je passais d'heureux jours, entre ma femme, ma fille et une clientèle idolâtre, lorsque j'eus le malheur de perdre Hortense — c'était le nom d'une épouse chérie, — morte presque subitement le jour de sa fête, pour avoir absorbé une trop grande quantité d'un pâté à base de truffes que j'avais rédigé avec amour. La mort de ma chaste compagne me plongea dans un désespoir tel, que le séjour de la maison paternelle me devint insupportable. Je cédai mon établissement à un de mes élèves et un beau jour, après avoir tendrement embrassé l'effigie suspendue au-dessus de la porte de ma boutique, je dis adieu à la capitale de la Dordogne, et me dirigeai vers les bords fleuris de la Garonne. C'est à Bordeaux, sur le trottoir du café de ce nom, que je fis la connaissance du chevalier du Coupon, un gandin de la haute. La façon agréable avec laquelle il tripotait les Saragosse et l'emprunt Ottoman me séduisit. Cet homme, non moins superbe que sensible, eut pitié de mes chagrins qu'il arrosa de ses pleurs et d'un nombre incalculable de chopes.... que je payai. Précieux cicérone, il m'introduisit dans les coulisses du Grand-Théâtre, chez les cocottes de Ségalier-Street, et enfin me fit recevoir membre du Cercle littéraire et artistique. Mon désespoir ne put résister à tant d'enivrements, et un matin je m'éveillai parfaitement consolé, et l'heureux époux d'Angelinette, ravissante piqueuse de bottines, la reine des Bals-Massip.

Maintenant que vous connaissez mon passé, il ne me reste plus qu'à vous faire part du gigantesque projet qui doit immortaliser mon avenir. (*Ouvrant le journal.*) Ecoutez (*lisant*) :

« Cacaoterie universelle, Société en com-

mandite pour l'exploitation du chocolat. —
Tout Français vacciné a droit au chocolat. —
Le chocolat mis à la portée de toutes les bour-
ses, de toutes les intelligences et de tous les
estomacs. — Bavaroises à la minute, système
breveté, mais non garanti. » Enfoncé le chocolat Perron! Mort au chocolat Poulain. Place
au chocolat Pois au lard, le seul hygiénique,
chimique, stomachique et économique. Après
ça, si, comme je le disais en commençant, on
ne m'érige pas de statues.... en....

SCÈNE II

Pois au lard, Pivoine.

Pivoine, *du fond.* — En chocolat ?....
Pois au lard. — Pivoine !
Pivoine. — Lui-même !
Pois au lard. — Ah ! l'agréable surprise !
Qui t'amène en ces lieux ?
Pivoine. — Je quitte Rouffignac où je suis
premier adjoint pour assister à vos fêtes de
charité, et puis aussi pour revoir Bordeaux,
ville que j'aime, malgré les travers et les ridi-

cules de ses habitants. Rien de plus pittores-
que, en effet, que cette cité gouailleuse et
vantarde, où le puff et la réclame tiennent le
haut du pavé. Ah ! Bilboquet, ma pauvre
vieille, comme te voilà distancé...... Ici ce ne
sont que programmes rouges, verts, jaunes,
de toute couleur, de toute grandeur. Là, des
affiches monstrueuses convient les badauds à
des plaisirs trompeurs le plus souvent, ou an-
noncent en lettres mirifiques la publication
d'un livre qu'on ne lira pas. Au coin de la
rue, un homme vous coudoie, vous croyez
peut-être qu'il veut prendre votre mouchoir ;
point. Cet honnête industriel n'a d'autre but
que de vous guérir les cors, ou de vous enle-
ver la superbe tache qui orne le collet de
votre paletot. Regardez autour de vous ces
splendides devantures de confectionneurs, ces
magasins somptueux où s'étale complaisam-
ment la célèbre juge-cage Thompson, crino-
line aristocratique, médaillée, brevetée et
plusieurs fois couronnée. Voyez aussi les éta-
lages resplendissants de messieurs les coif-
feurs-posticheurs, inventeurs de toutes sortes
de pommades, dont la moindre a la propriété

le faire pousser les cheveux sur les crânes les
plus dénudés. Voyez encore.....

Air : *Pantomime, pantomime.*

Que de banques,
Que de banques !
A Bordeaux en vérité
La réclame,
Sur mon âme
Pousse avec facilité.

Silvie à l'autel s'avance
Et fait croire à son berger
Que rien n'prouve l'innocence
Comme la fleur d'oranger.

Quelle banque, etc.

Mais le cercle littéraire,
Obéissant à son cœur,
Rédige pour la misère
La réclame du malheur.

Bonne banque, etc.

Pois au lard. — Ce cher Pivoine, toujours
gouailleur....

Pivoine. — Arrivé d'hier, j'entre ce matin au
café de Bordeaux.... j'ouvre un journal et j'y
vois ton adresse.

Pois au lard. — L'annonce de mon grand projet ?

Pivoine. — J'en ai ri de bon cœur !

Pois au lard. — Tu ris de tout.

Pivoine. — Rien de plus cocasse que cette idée de cacaoterie ou chocolaterie universelle. Et à qui, diable, comptes-tu faire avaler toutes ces bourdes, ou plutôt toutes ces bavaroises ?

Pois au lard. — Au monde entier.

Pivoine. — Ah bah !

Pois au lard. — On voit bien que tu vis au fond d'un trou pour ignorer les ressources qu'offre ce délicieux mélange de sucre et de cacao. Comme le caoutchouc, le chocolat prend toutes les formes. On le boit, on le mange, on le croque. Il est bienfaisant, nourrissant, fortifiant, rafraîchissant.

Pivoine. — C'est épatant ! Et l'inventeur, est-ce toi ?

Pois au lard. — J'en ai conçu l'idée.

Pivoine. — Mais qui donc en a aidé l'accouchement ?

Pois au lard. — Le chevalier du Coupon.

Pivoine. — Un noble ?

Pois au lard. — Un jeune homme superbe, dix-huitième d'agent de change, professeur de belles manières à la *Gazette de Caudrot*. Il vient souvent chez moi.

Pivoine. — Mazette, quel honneur. Ce chevalier-là pratique l'industrie ?.... C'est probablement quelque gentilhomme dans la dèche, une espèce de duc Job..... à ta place, moi je m'en méfierais..,..

Pois au lard. — Y penses-tu ? Un gaillard qui a un pied..,.

Pivoine. — Qui remue ?.....

Pois au lard. — Dans les meilleures maisons de Bordeaux et qui brasse des affaires par millions.

Pivoine. — Alors, c'est qu'il fait la cour à · ta femme.

Pois au lard. — Quelle idée ! Angelinette est la vertu même....... D'ailleurs du Coupon est un ami....... dévoué qui veut me faire......

Pivoine. — Quoi ?

Pois au lard. — Riche et considéré.

Pivoine. — Sois donc riche, c'est mon vœu le plus cher. En attendant, montre-moi ta famille, car voilà bien longtemps que je n'ai vu la Benjamine. Et ta femme, il me tarde aussi de la voir et de l'embrasser.

Pois au lard. — Tes vœux vont être satisfaits ; je les entends.

SCÈNE TROISIÈME

Pois au lard, Pivoine, Angelinette, Benjamine *(tenue en laisse)*.

Pois au lard.— Apparais, Angelinette. *(La présentant à Pivoine.)* C'est ma femme,— *(Présentant Pivoine.)* Mon ami, Isidore Pivoine, adjoint au maire de Rouffignac.

Angelinette *(saluant)*. — Monsieur......

Pivoine.— Madame, votre figure me revient. Voulez-vous que je vous becquotte un tantinet.

Angelinette. — Ça n'est jamais de refus ces choses-là.

Pivoine *(l'embrassant)*. *(A part.)* Elle a la joue diantrement chaude. *(Haut.)* Vous voilà donc plongés dans le chocolat jusqu'au cou.

Angelinette. — Soyez le bienvenu.

Pivoine. — Je ne demande pas mieux...... mais qu'est-ce que je vois..... Benjamine...... pourquoi l'attachez-vous ?

Pois au lard. — Elle est quasi muette; de temps en temps elle glisse un mot, mais c'est rare.

Benjamine. — On ne rit plus.

Pivoine. — Qu'est-ce qu'elle dit ?

Pois au lard. — L'Académie de Bordeaux prétend qu'on ne rit plus. C'est en effet de mauvais ton, et la petite a toujours cette idée en tête.

Pivoine. — Voyons un peu. Vous ne me remémorez point, Benjamine.

Benjamine. — Si.

Pivoine. — Vous dites ?

Pois au lard. — Elle dit : Si.

Pivoine. — C'est concis…. Vous me permettez de déposer un baiser sur ce front jeune et charmant.

Benjamine. — Déposez.

Pivoine. — Hein ?

Pois au lard. — Elle dit : Déposez.

Pivoine. — Je dépose. *(A part.)* Quel drôle de langage ! C'est peut-être l'abus du chocolat.

Angelinette. — Vous savez, monsieur, que nous sommes des gens sérieux , que nous ne

rions plus, et que nous allons avoir nos en-
trées dans le grand monde.

Pois au lard. — Mon génie renverse toutes
les barrières.

Pivoine. — Sans plaisanter ?

Angelinette. — Nous ne plaisantons plus.

Pois au lard. — C'est bon pour le peuple.

Pivoine. — Vous me faites rire.

Angelinette. — Nous ne rions plus.

Pois au lard. — La dignité le défend.

Pivoine. — Qu'est-ce que vous me chantez ?

Angelinette. — Nous ne chantons plus.

Pois au lard. — Nous laissons cela aux
gens de mauvais goût.

Pivoine. — Ah ça, le cacao leur a fait perdre la boule.

Benjamine (à l'oreille de Pivoine). — On ne
rit plus.

Pivoine. — Quel assommoir.

Angelinette. — Je sèche comme une fleur,

e me fane, je meurs, sans que la société se
soit enivrée de mes parfums.

Pivoine. — Pauvre chatte.

Angelinette. — Je lis tous les jours à mon
mari des vers que j'ai trouvés dans un livre
intitulé : *Jérôme Cassolard*. Vous allez voir
comme c'est touché :

      ... .. Voyez dans le haut monde
Ces opulents du jour que la chance seconde,
Leurs attrappes leur-z-ont largement prodigué
Des écus. Z'en ont-ils le visage plus gai?
De la soupe au légume et même au lard, leurs femmes
Ont perdu la recette. Elle font les madames,
Mais lorsque le mari rentre le ventre creux
N'ayant pas de potage, il fait cuire deux œufs.
Pauvres, c'était pas ça. La cuisine était faite :
Ils trouvaient du jambon, des choux, une omelette,
Riches, que devaient-ils gagner au changement
L'honneur de déjeûner... par cœur-z-ou autrement.

Pivoine. — Ce n'est pas amusant.

Pois au lard. — Oui, mais c'est de bonne
compagnie.

Pivoine. — Oh! que tu es donc.... je n'a-
chève pas par délicatesse.

Benjamine (*à l'oreille de Pivoine*). — On ne
rit plus.

PIVOINE. — Encore !..... On ne rit plus, on ne rit plus, ils n'ont que ça à me dire : et depuis quand ?

Sapristi je rirai, si j'ai besoin de rire.
Vous avez beau crier, vous avez beau me dire :
On rit, on rit encore, et toujours on rira.
On rira du mari, chaque fois qu'il sera   [homme]
Ce qu'il craint toujours d'être. On rit de toi, rare
Sur terre on rit de tout. Du rite on rit à Rome,
La Perse rit du Schah qui des souris se rit ;
Bordeaux rit de Quimper, de Bordeaux Paris rit,
Et je vois Pois au lard, qui se gendarme en ire
Surpris de tant de ris, sous cape et barbe rire.

POIS AU LARD. — C'est un vrai délire. — Allons voir ma cacaoterie.

PIVOINE. — Adopté.

(Pois au lard et Pivoine sortent par la porte à droite.)

SCÈNE IV

ANGELINETTE, BENJAMINE

ANGELINETTE *(rejetant le cordon sur l'épaule de Benjamine).* — Tu peux parler, on te le permet, pourvu que la sagesse préside à tes discours.

BENJAMINE. — Quel bonheur! Est-tu ma mère ou ne l'es-tu pas?

ANGELINETTE. — Je la suis.... par la tendresse, mais non par la nature.

BENJAMINE. — Je ne comprends pas cette double situation.

ANGELINETTE (*tragiquement*). — Enfant! tu as un secret à me confier — mets ta tête sur mon cœur, ô Benjamine (*elle lui place le visage sur sa ceinture*); là... un peu plus haut... et maintenant confie...

BENJAMINE. — J'aime.

ANGELINETTE (*bondissant ·de surprise*). — Fichtre!... comme tu y vas, et quel est ton objet?...

BENJAMINE. — Le chevalier du Coupon.

ANGELINETTE. — Du Coupon!... Tu l'aimes bien?

BENJAMINE (*avec expression*). — Oh! oui.

ANGELINETTE. — Et quelle température?

2·

Benjamine. — A la température du suicide.

Angelinette. — C'est aussi chaud que cela?

Benjamine. — Je suis bien malheureuse, va.

Angelinette. — J'ai dit que je suis ta mère; je ne la suis pas pour des prunes, tu auras du Coupon ou je ne m'appelle plus Angelinette.

Benjamine. — O ma mère!

Angelinette. — Ne me tarabuste plus; voici nos hommes, silence!

SCÈNE V

Les mêmes, Pois au lard, Pivoine

Pivoine. — Ton local est monstrueux, tu peux fabriquer du chocolat de quoi alimenter tous les épiciers du monde.

Pois au lard. — Tu n'as pas tout vu.

PIVOINE. —Le reste ne m'étonnerait pas...
je te quitte.

POIS AU LARD. —- Où vas-tu?

PIVOINE. — Sur les fossés de l'Intendance,
pour y voir défiler la fine fleur des gandins
bordelais; le gandin fait la chasse à la biche,
la biche fait la chasse à l'agent de change,
l'agent de change fait la chasse aux spécula-
teurs, le spéculateur fait la chasse au capital.
Que veux-tu les Girondins sont nés chasseurs.

POIS AU LARD. — Tu reviendras pour dî-
ner?

PIVOINE. — Merci, tu ne donnes à manger
que du chocolat. — J'ai un estomac qui ne
souffre pas la médiocrité.

POIS AU LARD. — C'est méchant, ce que tu
dis-là.

ANGELINETTE. —Pour moi, pour Benjamine,
venez.

PIVOINE. — Ah! par exemple, les dames
parlent, il suffit. — Le sexe peut me résister,
mais je ne lui résiste jamais. C'est entendu, je
reviendrai — fais préparer ton chocolat.

SCÈNE VI

**Pois au lard, Angelinette, Benjamine,
du Coupon**

Du Coupon (*entrant virement, à Pivoine qui
sort*). — Monsieur.... (*à Pois au lard, en lui
pressant la main*). Bonjour cher... (*aux dames*).
Mesdames....

Pois au lard. — Comment va l'emprunt
Ottoman ?

Du Coupon. — Le sultan fait prime. La
Sublime Porte est sauvée. C'est une véritable
furie. Hausse sur toute la ligne. On s'arrache
les valeurs. Les autrichiens sont très-deman-
dés et les omnibus roulent que c'est une bénédiction. Quelle vie, mon ami, quelle vie !

Air des Comédiens.

Vive la Bourse, et son brillant ramage.
Vive la rente, et ses plaisirs fiévreux,
Gueux le matin, le soir en équipage,
Du genre humain, les boursiers sont les dieux.
Sur un faux bruit celui-ci fait fortune

Le *mobilier* ruine les imprudents,
L'un fait coter le disque de la lune
Malgré les trous qu'on y fait tous les ans.

Vive la Bourse, et son brillant ramage, etc.

L'un a l'idée, et l'autre la richesse ;
J'ai par exemple un *filage* à monter.
Vous, souscripteur, vous emplissez ma caisse
Moi, *filateur*, je file.... à l'étranger.

TOUS REPRENANT :

Vive la Bourse, et son brillant ramage, etc.

ANGELINETTE. —J'ai horreur des affaires ; je me sauve. Viens-tu, Benjamine ?

(Angelinette et Benjamin sortent.)

SCÈNE VII.

POIS AU LARD, DU COUPON.

DU COUPON. — Pois au lard, votre femme est charmante.

POIS AU LARD, *l'interrompant.* — Et notre affaire ?

Du Coupon. — Marche à merveille. Votre annonce a produit un effet saisissant. C'est un événement; on en parle partout; à la Bourse, au café, dans les salons comme dans les boutiques; votre nom et votre chocolat sont dans toutes les bouches. Quand une idée est bonne, elle ne marche pas, elle vole (sans calembour, bien entendu). La vôtre, mon cher, fera le tour du monde, et, grâces à vous, Bordeaux va devenir bientôt une immense cacaotière.

Pois au lard. — J'y compte bien.

Du Coupon. — Mais votre œuvre est jalousée.

Pois au lard. — Par qui?

Du Coupon. — Et parbleu, par vos devanciers : Poulain, Perron, Louit, Ménier s'agitent dans l'ombre et cherchent à mettre des bâtons dans vos roues.

Pois au lard. — Tout est perdu, alors !

Du Coupon. — Pas encore. (*Il remonte la scène pour écouter.*)

Pois au lard. — Je respire! Vous m'avez fait une peur.

Du Coupon. — Sommes-nous seuls?

Pois au lard. — Je le suppose.

Du Coupon. — Il faut réduire à néant les clabauderies des petites gens que votre char va bientôt écraser.

Pois au lard. — Comment?

Du Coupon. — En nous assurant le concours de la presse. Par le temps qui court, le journal est devenu plus qu'une puissance temporelle, c'est, pour le plus grand nombre, un dieu, une véritable religion. Mettez donc cette puissance à votre service. Le *Figaro gascon*, dans la boutique duquel j'ai un pied, défendra chaudement votre cause. Quant aux autres feuilles qui font la sourde oreille, entortillées qu'elles sont par les piailleries de vos concurrents, je me charge de les ranger sous votre bannière, depuis la *Gironde* jusqu'au *Pied qui r'mue,*— si vous voulez encore une fois, me confier quelques billets de mille.

Pois au lard. — Et combien faudrait-t-il ?

Du Coupon. — Six mille francs suffiront, je pense.

Pois au lard. — C'est cher !

Du Coupon. — C'est pour rien, au contraire.

Pois au lard. — Six mille francs !... mais c'est à peu près tout ce que je possède.

Du Coupon. — Et qu'importe ! Demain vos actions feront une énorme prime et vous aurez des millions.

Pois au lard. — Au fait, c'est de l'argent bien placé ! Attendez-moi, je reviens dans un instant. *(Pois au lard sort par la droite)*.

SCÈNE VIII.

Du Coupon, *seul*. — Six mille balles !... le tour est bien joué. Avec cet argent-là, je triompherai, je pense, de la vertu d'Angelinette. Allons, du Coupon, gentilhomme de contrebande, paye d'audace, mon garçon, et tu réussiras. *(Rentre Pois au lard.)*

SCÈNE IX.

Du Coupon, Pois au lard.

Pois au lard, *comptant des billets de banque qu'il remet à du Coupon.* — Trois, quatre, cinq et six.

Du Coupon. — Très-bien ! Je réponds maintenant du succès. Chut ! voici votre femme.

SCÈNE X.

Angelinette, du Coupon, Pois au lard.

Angelinette. — Monsieur le chevalier !...

Du Coupon. — Madame ! (*A Pois au lard*) : Une ère nouvelle va s'ouvrir pour votre famille, ô Pois au lard, l'ère de la fortune et des grandeurs. — Je vais enseigner les bonnes manières à madame ; faites-moi le plaisir de vous retirer.

Pois au Lard. — Quelle majesté dans le commandement ! Je vous laisse, chevalier, je vous laisse. (*Sortie de Pois au lard.*)

SCÈNE XI

Angelinette, du Coupon

Du Coupon. — Quelle bonne pâte que ton mari. Dis-donc, Angelinette, il faut que je te revoie seule... dans un moment. Tâche d'éloigner Pois au lard.

Angelinette. — Mon cher, j'ai fait mes réflexions ; je veux rester fidèle à mon vieux Pois au lard.

Du Coupon. — Toi, Angelinette, tu surprendrais l'univers ; c'est ce que nous verrons. A tout à l'heure.

SCÈNE XII

Angelinette, Pois au lard, *puis* Pivoine

Pois au lard. — M. le chevalier est parti ?

Angelinette. — Oui ; vous y tenez donc bien à votre chevalier ? A moi il me donne des nausées.

Pivoine, *rentrant.* — Je viens de rencontrer ton fameux chevalier qui passait l'air affairé et joyeux.

Pois au lard. — L'excellent jeune homme, il est joyeux de mon bonheur. Mon affaire est bàclée ; ça va marcher comme sur des roulettes.

Pivoine. — Bah !

Pois au lard. — Oui. La concurrence avait dressé l'oreille. M. le chevalier m'a signalé le danger ; nous avons acheté le concours de la presse,

Pivoine. — Quel est le prix de la presse à Bordeaux ?

Pois au lard. — Six mille francs.

Angelinette. — Mais c'est toute notre fortune.

Pois au lard. — C'était un sacrifice nécessaire, et, dans ces circonstances-là, je suis brave.

Pivoine. — Imbécile ; tu ne sais donc pas que ton du Coupon n'est qu'un faiseur et qu'il exploite ta crédulité.

Pois au lard. — On ne trompe pas les hommes de ma force.

Pivoine. — Il te dépouillera jusqu'à la dernière chemise, et, quand tu n'auras plus rien, tu feras comme Bélisaire.

Pois au lard. — On voit bien que tu sors de Rouffignac.

Pivoine. — Un de vos poëtes a dit :

« Un grand qui vient chez nous, soyons-en convaincus,
» Convoite notre femme ou lorgne nos écus.»

Angelinette, *vivement.* — C'est vrai.... il vient de me donner rendez-vous.

Pivoine. — Là, qu'est-ce que je te disais ?

Pois au lard. — Des bêtises ! Angelinette a des principes.

Pivoine. — Une idée ! une idée !... Elle vaut mieux que la cacaoterie. Voici : du Coupon va venir ; (*à Angelinette*) faites semblant de répondre à son amour et soutirez-lui les six mille francs susdits... Ce qui vient de la flûte doit retourner au tambour. Nous allons-nous cacher derrière une porte ;—tu entendras tout et tu seras édifié.

Pois au lard. — Vous allez être bien attrapés.

Pivoine. — Jouez bien votre rôle, Angelinette.

Angelinette. — Soyez tranquille, j'ai vu jouer madame Prioleau dans la *Tour de Nesle*, ça va être corsé comme une tragédie.

Pois au lard. — Nous allons joliment rire.

Pivoine. — On vient : c'est lui, chacun à son poste. (*Poussant Pois au Lard.*) Marche donc.

SCÈNE XIII

Pois au Lard et Pivoine *derrière la porte,* **Angelinette** *sur le devant de la scène,* **du Coupon** *dans le fond.*

Angelinette, *comme si elle se croyait seule, tragiquement.* — Il va venir... ce monstre... Comment échapper à la séduction qui l'accompagne... ô mon cœur... ô ma tête... ô ma vertu... — mon cœur qui m'entraîne, ma tête qui me tourne, ma vertu qui me retient. J'entends du bruit... on vient... Ciel... c'est lui... (*forté à l'orchestre*).

DU COUPON, *à part.* — Elle veut jouer à la grande dame... ça me va. (*Haut.*) Je vous revois, enfin, madame... et ma flamme... sur mon âme...

ANGELINETTE. — Infâme... Quel est... ton projet ?...

DU COUPON. — T'enrichir... te couvrir de diamants... de pierreries... t'acheter un manchon... un coupé... le *Petit journal...* (*Naturellement.*) Je te mettrais dans tes meubles.

ANGELINETTE. — Mais tu es un misérable... Ma vertu est mon seul trésor... D'ailleurs c'est le bien de Pois au lard, et rien au monde ne pourra me le ravir.

DU COUPON. — O femme cruelle ! réponds à mon amour, Angelinette adorée..., ou je meurs à tes pieds.

ANGELINETTE. — O mon Dieu, sauvez-moi... ô petite croix de ma mère.

Du Coupon. — Tu m'appartiendras... je le jure par le nom de mes ancêtres... et s'il faut employer la violence....

Angelinette. — N'approche pas... ou je te poignarde. (*Elle s'empare d'un couteau, et s'approchant de la porte où est Pivoine.*) — Faut-il le poignarder?

Pivoine, *entr'ouvrant la porte.* — Bigre !... ça nous mènerait trop loin... les billets.

Du Coupon. — Me poignarder parce que je veux ton bonheur... C'est-il bête !

Angelinette. — Oh ! le scélérat ! (*Le couteau tombe de ses mains.*) Je vais m'évanouir !

Du Coupon. — Angelinette !... Angelinette !... crois-moi ton amant éternel.

Angelinette, *lui échappant.* — Tu parlais de diamants... de cachemires... blagueur !...

Du Coupon. — Peut-on dire !... (*Il tire son portefeuille.*) Tu vois ceci; il y a là dedans de quoi acheter la rue Ségalier; il est à toi, si tu consens à m'aimer.

Angelinette. — Donne vite, et que Dieu me pardonne ! (*Elle saisit le portefeuille.*)

Du Coupon. — Enfin !

Angelinette, *éclatant.* — Victoire ! victoire !

Du Coupon. — Trahison ! (*Il cherche à s'enfuir.*)

SCÈNE XIV

Les mêmes, Pois au lard, Pivoine, *puis* Benjamine

Pivoine, *ramenant du Coupon.* — Un moment, mon garçon... Nous avons un petit compte à régler.

Pois au lard. — Et ma cacaoterie... Oh ! brigand !

Du Coupon, *à Pivoine.* — Vous m'étranglez, ne serrez pas si fort.

Pois au lard. — Je propose de le faire empoigner par la police pour le conduire au fort du Hâ.

PIVOINE.— Pas du tout... ça finirait comme dans *Jérôme Cassolard*... Il faut un dénouement plus cocasse... Nous ne sommes pas de l'Académie, nous autres.

ANGELINETTE. — Attendez... ça va être drôle... (*Appelant*) : Benjamine !

BENJAMINE, *paraissant*. — Voilà !

ANGELINETTE. — Tu aimes toujours le chevalier ?

BENJAMINE. — Oh ! oui.

ANGELINETTE. — Je te le donne... Chevalier, Benjamine ou le fort du Hà, choisissez.

DU COUPON. — J'épouse les yeux fermés.

PIVOINE. — Bravo !

POIS AU LARD. — Tout ça ne me rend pas ma cacaoterie.

DU COUPON. — Beau-père, à nous deux nous allons soulever le monde et fabriquer du chocolat à perpétuité. Votre bénédiction, s'il vous plaît.

POIS AU LARD. — Je te la refuse.

PIVOINE.— Et moi je te la donne. (*A part.*) Le plus bête des deux n'est pas celui qu'on pense. (*On entend des trompettes dans la coulisse*).

ANGELINETTE. — La cavalcade qui passse... la cavalcade !

PIVOINE. — Une fête de charité ! c'est noble... c'est bien... Voilà qui fait de Bordeaux la première ville du monde et qui me réconcilie avec la cacaoterie universelle. Allons-y.

FLICOTTE, *entrant*. — Pardon, mes enfants, on ne se sauve pas ainsi, et les couplets au public.

TOUS. — C'est juste !

Air : Au dieu d'amour.

PIVOINE

Au chocolat il n'est rien d'impossible.
Donc, il ne faut jamais le critiquer.
Sur le théâtre il est un peu... risible,
Mais en famille il se laisse croqur.

POIS AU LARD

Du cacao comprenez l'avantage ;
Il m'inspira mon brillant prospectus ;
Il fit rentrer l'amour dans mon ménage,
D'Angelinette il m'apprit les vertus.

ANGELINETTE

Messieurs, naguère, une muse moins fade
A du public obtenu les faveurs.
Vous avez tous claqué la cotonnade.
Le roi Coton règne dans tous les cœurs.

Grâce aujourd'hui pour deux naissants génies,
Qui, pour marcher, ont besoin de vos mains,
Vous sifflerez, messieurs, leurs comédies
Quand ils seront académiciens.

Chœur.

Au chocolat ! etc.

Bordeaux. — Impr. BORD, rue des Treilles, 24